JN408994

수리산

수리산

— 김영덕 시집 —

도서출판 천우

시인의 말

자유, 화려한 바다에서 세월만 지나갔다.

게으름과 깊은 사유가 척박하여 부끄럽다.

본 태생이 그렇듯이 골몰에 약해 마음 가는 대로 자유의 깃발이 가는 곳으로 갔을 뿐이다.

동인지 『샘골문학』 『엄나무 샘』 『어둠과 그리고 그림자』에 실었던 작품과 수수 년 가뭄에 콩 나듯 모아놓은 작품을 선정하여 실었다. 한 자락 마땅한 언어를 찾아 헤매기도 하였다. 그동안 휴머니즘을 토대로 평등한 인간애를 품으려고 소중한 것을 잃었는지도 모른다.

이제 노년에 들어 극락왕생에 꿈도 욕심일까 묻는다. 이제 남은 건 다시 회향할 수 있는 내일을 경건한 태도로 맞이해야 하는 일이다.

누구에게 보일 것도 평가받는 것도 칭찬에도 연민하지 않는다.

그냥 왔다 갔으므로 언젠가 다시 올 것이기에…….

2021년 10월

김영덕

제1부

● 시인의 말

제2부

제3부

제4부

제5부

제 1 부

사리에서 만나요

협궤철도 건너
다 저녁
석양을 보아요

마른 나무
물 위에 흔들리는
붉은 섬 너머로

긴 자줏빛 그림자
밟으러 가요

황해 바람
후줄근히

돌아올 때는
비릿한
비늘 냄새
젖어 좋으니
우리 사리에서 만나요

〈1980년 초〉

염전 향수

군자君子 소금이요, 김장 소금!
어릴 때
포리지나, 신천리, 하우고개 너머
소세 깊은 구지 창골까지
소금가마니 지고 이고
오는 이들 있었네

"둬 됫박 떨어 놓고 가슈!"
군자 소금 장수 올 적마다
광 속 큰 독에
소금을 빼곡히 쟁여 두시는
곱 생초 나의 어머니 얼굴에서
드넓은 바다를 만났네

수년 전만 해도
오이도 가는 길 염전에는
물푸개 돌아가고

그 위에 물새 떼
흰 소금 속속 으뜸이
가래로 퍼담는
풍경이 있었는데

지금은 바다도
저만치 밀려가고
짠내 펄펄 나는 바짓가랑이
진국인 그 사람들
어디로 갔는지

* 포리, 신천리, 하우고개, 소세, 깊은구지(기풍구지, 깊은 고지) 등은 부천시와 시흥시에 소재한 마을 속 지명.

엄나무 샘

아마도
청춘에 간 당주가
엄나무가 된 듯하다

바다로 훤히 트인
사리 샘터
삐죽이 치솟은 나무 밑동으로
칼칼한 맛
짜릿하게 젖어오는
생명이 흐른다

저마다 흩어졌던 정기精氣가
맑고 차게 모여들어
높은 곳 굽이굽이
낮은 곳을 향하여

어둡고 긴
여과를 통해
굴곡과 완급을 지나
언제나 근원으로 태어나는 해맑음

끊임없이 퍼 올리는
대지의 표표한 젖줄
에어라!
물이 간 사람
한 모금 삼키고

채워도 채워도
빈 가슴 있거든
서해 용왕님
고슬봉 산신령님
북두 칠성님 축원하는
신령의 물 마셔 보아

이별의 사람
흘러간 사람아
모두 한 모금씩
마셔 보아
재회의 기쁨도
마셔 보아

생전에 이루지 못한
가엾은 사랑의 사람들아
저승 가면 이룰까 몰라

비우고 비워도
비워지지 않는 사람들아
한 모금
또 한 모금 마셔 보아

다시 태어나면
엄나무 뿌리 사이로
촘촘히 흐르는
맑고 찬
한 줄기 샘물이라도 될까

〈1980년대 초〉

*사리, 고슬봉: 안산시 사동에 소재.

연鳶 I

거두지 않아도
그냥 띄우기만 해도
멀리 잘도 간다
끝내는 혼자 간다

한없이 굴러가는 얼레에
목숨 달고
어디로 가는 것일까

어린 시절
밥풀 이겨 바른 종이연
오늘 다시
오십 줄에 매달아
한 량 날리네

〈1994년〉

옥귀도玉貴島* 낙조

바다로 나갔어
밀물
발아래 점점이 다가와
가슴까지 숨이 가쁘도록
밀려왔어
이십 년 만에 만나는 바다였어

먼 섬에서
물새 한 마리
끝도 시작도 없는
허공을 헤매어
날아왔어

해가 뉘엿뉘엿 지고 있을 때
붉은 잔을 부딪치면서
나의 눈을 바라보았어
꿰뚫어 보고 있었어

흰 손을 내밀며
무겁게 닫혔던
입을 열었어
바다여 머물 수 없냐고
말했어

이 가득함
바다는 아름다워
언제 보아도 바다는
바다야

〈1980년대 初〉

＊옥귀도 : 안산시와 시흥시에 인접해 있는 오이도의 옛 명칭. 일명 옥귀섬.

육포肉脯와 포도주

오장五臟은
텅 빈 유리병
포도주와 질깃한 육질이
하염없이 녹아 들어가
수십 년 덧정情
각질을 녹이고
닫혔던 입술이 열리게 하였다

육포肉脯는 불빛에 가만히 비춰보면
살아있는 붉은 살점이
아직도 남아
빈 유리병 속으로
넘어가는 산산이 쪼개지는
그의 기품과 오만
즐겁다 최상이다

죽은 생살의 결을 쫓아
사나운 이빨로
죽어도 살아있는
우육牛肉의 미련한 끝장을 도려내었다

살아서 잔인한 인식과
죽어서 더 질긴 짐승의
거나한 몸부림

육포와 포도주는
슬픔을 열락이게 하는
가장 위대한 마술사이다

해바라기 I

긴 목 둥근 얼굴
도시와 논둑길 사이를
갈라놓고
바람이 심하게 부는 날이면

고꾸라진 몸뚱이 긴 허리
땅 짚고
일어나기도 전에
늘 돌아서는 얼굴

전동차 바퀴 아래 피어나는
한 해의 꿈
닿을 수 없는 입맞춤
외줄기 빛으로만
기우는 꿈

지는 가을 햇빛
까만 씨앗으로 남는
일년초 사랑

돌의 심정

바다나 강에서 왔음직 한
오석이 내 방에 하나 있다

앞을 보면 꼭 메기 주둥이 같기도 하고
뒤를 보면 고래 새끼 머리통 같기도 하고
이목구비가 보통 돌하고는 달라

실눈이 있고
입가에 굵은 선 수염
앗! 정수리에 이상한 점
천년 기다림 끝에
돌이 되었네

그러나 꽁지 쪽으로 보니
그저 아무것도 아닌 돌인 것이

그저 돌은 돌인 것을
왜 모를까

나를 그저 돌로만 보아 다오

수리산修理山

수암봉을 멀리서 보면
독수리 발톱이나
매 주둥이
머리 벗겨진 신령쯤으로
보는 이가 많다

가까이 가면 그것조차 보이지 않아
동으로는 솔밭을 지나야 하고
서로는 맑고 찬 물
술술 쏟아지는 샘터에 이르러
우거진 잡목을
헤쳐 오르게 된다

느린 발걸음으로
헬기장에 쉬었다 걸으면
해발 500미터 바로 독수리 발톱에
올라서게 된다

남동남동으로 수리사
서북으로 장상리 노루목골
우리가 올라온 길은 뵈지도 않고
산 아래 호수까지 아득히

사방으로 안산, 군포, 안양, 의왕을 감싸고
바다가 보이고
인천, 서울이 눈앞에 있다

산은 시시때때로
먼 데를 가깝게
턱 앞의 것도 멀게 하고
짐짓 또 다른 모습으로
늘 그렇게 있다

산의 모습은 내가 어디에
머물러 있냐에 따라
달라진다

역시 산 위에 올라가면
세상 울분도 구름 속에
흘려보내고
꽃바람 도는 마을과
안개비 내리는 마을이
한꺼번에 보인다

〈1990년대〉

안산기행安山紀行

한 달만
한 달만 산다는 것이
백 년 잠들겠네

그대를 기다리던
협궤열차 원곡역
두 시 이십 분 발
열차에 마음을 실었네

때로는 손톱 끝에
황토물들이며
허기진 가슴 달랬네

땟골 가는 길
빈 나뭇가지엔
언제나 갈 곳 모르는
풍연風鳶이 걸려있고

한밤중 잠을 잃어버린
취객들의 볼멘 울부짖음

밤낮으로 산을 허무는
불도저 굉음 못 견뎌
앞집 영이네는
미국으로 이민 갔네

나야 앞산 진달래 피면
들뜬 맘 달래고
바닷길 나가
파도에 잠기고
고잔 간척지
피어오르는 안개로
빈 잔 채우고

눈을 감으면
'세상은 참으로 꿈결 같다.'
어머니 말씀
이제사 들리네

〈1985년〉

고슬봉 봄비

사시사철 비는 오더라도
봄비만큼 고운 비
봄비를 맞는 아름다운 사람
또 있을까

초록 초록 새순 돋은 나무를 적시고
풋풋한 땅 위도 적시고
두근거리는 가슴 속까지 적시는 비는
부처님 자비 하느님 사랑이
땅에 땅으로 내려지심이라

살 속까지 스미는 빗소리
들으며 아득히 고슬봉 감자골 헤매는데
멀고 먼 하늘에서
뛰어내리듯 꽂히는
외기러기 한 마리
자박자박 걸어가는
봄비 사람 가까이서 날고 있네

〈1980년대〉

푯말

그들의 꽃병에는 언제나
비싸고 화려한 꽃들이 꽂혀 있다

뜨거운 여름을 헤엄쳐 온 9월 어느 날
온갖 잡초가 내 키를 넘는 무성한 곳에
잠시 숨은 듯 세상을 넘겨다 보았다
모두 다 다른 풀잎들과
다른 사람의 모습을 보았다

한 송이 아직도 피어 있는 장미도 있고
달맞이꽃, 씀바귀 흰 꽃, 도깨비 풀,
보랏빛 달개비꽃, 엉겅퀴, 도둑놈 풀
세상 모두 풀잎으로만 보이는
그중에 키가 크고 작은 것들을
꽃병이 옮겨 놓았다

'그놈이 다 그놈이지'
이 말이 나오기 전에
긴 푯말을 붙여야지
'힘차게 자란 잡초는 아름다워,
더 아름다워, 더 푸르고 아름다워'

〈1980년대〉

산에 가네

때때로 울분 때문에 산에 가네

간에도 갈 수 없고
쓸개에도 갈 수 없어

집 가까운 수리산修理山에 갔었네
검불보다 더 가벼운
그대 마음 알고
퉁퉁 부어오른 얼굴 식히려 가네

비단옷으로 감춰진
겉으로 내미는 뾰족 웃음
그거 보기 싫어 가네

너도 좋고 나도 좋고
그는 불행해도 그만인 세상은
차마 눈멀고 귀먹고 살기 어려워
산에 가네

끝없이 솟아나는 맑음
척척히 젖어서 돌아오고
새로운 정신이 파도치네
이 화려한 귀성 때문에
산에 산에 가네

나 혼자 한 걸음 한 걸음
뒤 올 사람도
쫓아가야 할 사람도 없으니
마냥 걸었네

누군들 등을 밀어줘 손을 잡아줘
가는 거 아닌데도
혼자 사는 것이 어줍긴 해

시험을 치르자는 경쟁자도 없으니
천 사슬 넋 놓고 올라갔네

다음 생에서
다시 태어날
풀과 나무를 어루만지네

어느새 언덕에 올라
저 아래 세상을
꿈처럼 바라보네

〈1970년대〉

군자봉

옷깃에
원혼이
묻어날까 두려운
군자봉 가을비
박수무당 요령
더욱더
소름 돋는다

음기가 강한
월피동 처녀가
멀리
이 산을 바라보면
바람이 난다고

월피동으로 이사가
군자봉 바라보며
백일치성 드릴거나
꺼이꺼이 울거나

〈1980년대 초〉

선부동 사람들

선부동 바람은 곧바로 분다
언제 어디서 왔는지
천풍이 몰아친다

공단 근로자, 날품, 홀앗이
선부동 사람 머리끝엔
심청深青색 깃발을 꽂고
가슴엔 활화산 하나 타고 있다

공한지에 콩잎 포기 심어놓고
잎이 트기 전에 떠난 사람

밤이면 외마디 소리 종종
그리운 이 불러도

대답이 없던
적막한 공원엔

그립던 나무가 생겨나고
열매가 열리기 시작했다

〈1980년대〉

제2부

시카고

이런 세상도 있었네
큰 강 큰 군함이
시내 한가운데에
청둥오리 헤엄치고
벌거벗은 남녀 보트 놀이 하고
한낮 일방통행 시내버스엔
손님이라곤 흑인 한 명
공원 벤치엔 집 나온 은발의 소녀
한 사내의 샌드위치 광고문
'일자리 구함, 아이들 셋, 마누라 집을 나감'

〈1990년대〉

눈 내린 해변

그날은
눈이 내렸어
해변을 달렸어

하늘과 바다와 그리고
저기 사람 하나만 보이는
눈만이 쌓이는 곳이었어

밤이 이슥하도록 포구를 걸었어
바람이 불고 눈발이 세어졌어

밤이 더 깊어 사람 하나가
저 북동쪽으로
나는 남동쪽으로 가고 있었어

눈에 덮여 아무것도 볼 수 없었어
뒤돌아볼 수 없었어

나는 아직도 눈에 덮혀 있어

가을 경험

가을 숲속엘 가면
이끼 자욱한
흙 한 줌 내 가슴에
품을 수 있을까

모과 열매 익어가는
독한 가을
스산함에 서면
천년千年 비밀한 사랑이
내 핏줄까지 당겨와
낙엽 지는 세상을
아득한 깊이로 가늠하며
이야기하고 싶어

가을 숲속엘 가면
가슴으로 아프게 파고드는
그런 바람
한 자락 만날까

첫눈

누가 보아요
눈에 띄지 않게
소리 없이 숨죽여 사박사박 오세요
저 비탈진 길

추운 나무에도
살얼음 강가에도
솔잎 향 진동하는 오솔길에도
어둠 속에서도
아니 내리는 곳 없이

아무도 모르게
어느 날 살며시
소록소록 오세요
이리저리 바람 따라 헤매이지 말고
가벼이 이리로 오세요

잠들지 못하는 우리들의 창가에도
가까이 오세요
세상 가득하게 오세요
눈 세상 되게 오세요

이 겨울이 다 가기 전에
그동안 눙쳤던 말씀
믿어요 하얗게 풀어질
그대 말씀
믿어요

그대 오실 때
회오리바람
나를 부르지 않아도
두 손 벌리고 하늘 따라 뱅뱅
춤추며 맞을게요

6월 민들레

언제나 여문 자리 틀고 앉아
땅속 샘물 소리
귀 기울이던
긴 뿌리언만

봄빛 타던 노래
뒤뜰에 남모르는 치성도
소용없어라

끝내 하얗게 부푼
들뜬 맘
이미 멀리 가고도
푸른 옷깃에
희미한 풀씨 하나로 남아
넘어진 흙더미에
샛노란 사랑의 거짓말 남기는
그대 차라리 애닯다

흩날려라 포릇포릇
바람 부는 대로
아득한 길 흩날려

정갈한 대낫에도
감싸지 않은 추억
올올이 풀어 헤치고
갈피도 없이 떠나고 오는
그대 6월 민들레야

구름은 흘러가고

서쪽 하늘에 핀 구름은
바람 한 줄기 없어도
흘러간다

잡초더미에 하염없이 퍼져 앉아
흩뿌린 빗물이 고인
작은 웅덩이를
시름없이 들여다보면
깊어지는 하늘 속에는
온갖 세상이 잔잔히
땅끝보다 멀리 침전한다

그 위에
한 마리 풀벌레가
구름 타고
흐르는 평화가 보인다

그저 들여다볼 뿐

어둠이 내리기 시작하면
그 속엔
지난가을이
유령처럼 비집고 나온다

흰 구름은 가득
흘러가고
옛날은 돌아오고

똬리 꽃

너를 보면 또 한 번
세월이 아깝다

울 듯 웃고 있는
그 모습 애달프다

잔잔한 바람에도
가누지 못하는 몸
자욱이 흔들리며
옛날을 잊지 못해
가늘고 긴 목 드리운
먼 그리움

텃밭 아무 곳에서나
희디흰 무리
소박한 웃음 그 향기

묻지도 않았는데
어느 날 너는 말했지
"내 이름은요...
똬리... 또아리 꽃이에요"

그래 너를 만나면
흔쾌히 '또리꽃'이라
불러줄게

〈1970년대〉

외로운 C 기자에게

그렇게 쉽게 올 수 있는 건가요
기다리지 마세요
애써 찾아 헤매지 마세요
어느 날 갑자기
행운이 오듯 아무도 모르게
갑자기 오는 거예요

사랑이라는 거
슬픔만 오는 거
영롱한 이슬방울로
엮어 만든 보석
해 뜬 후엔 사랑도 말아요
어차피 숨길 수 없어
공개 처형당하는 거

사랑이라는 거
잡지 마세요 흘러가는 구름 같은 거예요
흐르는 바람과 함께 떠나는 거예요

사랑이라는 거에 속지 마세요
도떼기시장 싸구려 물건처럼

함부로 욕심내지 마세요
싼값으로 치루지 마세요
'사랑이야' 입바른 말, 믿지 마세요
못내 울어주길 바라지 마세요
그대에게 실망하기 위해 매달리는 거예요
옷자락 잡다 가도 독한 맘 먹고
무 자르듯 잘라버리는 것이 사랑이에요
그럭 그럴 거예요
채근하지 마세요

늘 실패하면서도 다시
도전하는 첩첩 산맥과도 같은 거예요
세상에 나서 실패할 확률 최고치
깨지기 위한 보석이에요
그래도 사랑 하나 품고 싶다면
기다리세요 어느 날
갑자기 천둥 · 번개로 오는 거예요

우리에게 사랑의 피뢰침을
달 수만 있다면

동해의 밤

출렁거리는 어둠의 바다에서
그대를 보았습니다
넘치는 가슴을

주체할 수 없어
아 그 큰 바다
한 자락 몰고
길옆 작은 술집으로
들어갔습니다

맑은 잔 속
차게 부서지는 물결
물오징어 안주에
가슴에 차곡차곡 쌓였던
이야기들이 술술 풀어집니다
바다는 계속 넘치고
그날 이후
내 가슴에 바다는
더욱 넘쳐납니다

비 오는 날

나어릴 때 우리 동네에는 비만 오면 둥둥 징을 치는 여자가 있었네

하늘을 보고 물에 펑펑 젖은 징을 신명나게 두드리는 여자에게 개구쟁이들은 돌팔매질을 하며 쫓아다녔지, 동네 어른들은 그 여자를 인도깨비라 불렀지, 빗줄기가 멎을 때까지 줄기차게 징을 두들기는 빨간 머리띠를 동여맨 숙명의 여자

둥둥둥 동네 한가운데를 가로질러 함수초 잔잔한 뒷동산 성황 터에 이르러서도 소문이 으밀아밀 퍼지는 앞마을을 바라보며 끝없이 빗속을 헤매더니, 어느 날 자취도 없이 사라지고 말았어, 두억시니에게 잡혀 갔다는 소문도 들리고 그의 가족들은 논 웅덩이, 과수원 둔덕, 기찻길 옆, 곳곳이 찾아다녔지만 영영 찾을 수 없었지. 수십 년이 지난 요즘처럼 며칠이고 비만 내리는 날에는 그 여자의 징 소리가 완연히 나타나 둥둥둥……

내게 돌팔매질을 하는 아이들은 없는지……

〈1970년대〉

꽃

우리 오월五月엔
가슴에 꽃을 꽂기로 해요

저 들녘 야생화
이름 없는 꽃이라도
외로움이 구름처럼
떠도는 꽃으로

누구 먼저
그대 향기로운 입술로
가까이 다가갔는지
상관 않기로 해요

그리움 슬픔 사랑 담고
피어난 꽃
오월五月, 마주 서면 새 살이 돋고
오묘한 전율만이
넘쳐나요

우리 오월五月엔
가슴에 꽃을
꽂기로 해요

푸른 이끼
물오른 가지 사이로
담뿍담뿍 피어난 꽃

우화寓話

섬광閃光으로 때로는 꽃으로
깊은 바다 물빛으로

요즘 세상도
도깨비는 그렇게 그렇게 오더라
대낮에도 있더라

어느 봄날
너를 쫓아 끝없이
흘러 흘러 갔는데
줄달음 도깨비는
되짚어 돌아서
오늘 대낮에도
나를 따라오고 있더라

'거북아 거북아 네 가슴 한쪽 베어주렴!'
'이 요망한 도깨비 비켰거라!'

비 오는 봄에 너를 보고 놀라고
작열하는 여름에
이미 너를 잊었다

섬광閃光으로, 꽃으로,
깊은 바다 물빛으로
그렇게 그렇게 오더라

〈1970년대〉

거울

거울 앞에 서는 까닭은
길 건너 빤히 보이는
아름다운 나무 하나
비껴 보기 위해서지요

그대가 자륵자륵 걸어와
거울 속 손을 잡아주는 것은
잔잔한 바람에도 겨워
여릿여릿 흔들리는
나뭇잎 보기 위해서지요

거울 속 깊은 물길
아침저녁으로 아무도 모르게
속속들이 훑어 들어가
황당한 꿈
영험靈驗한 발자국
밟고 지나가기 위해서지요

그대와 내가
거울 앞에 서는 까닭은
끝없이 그리워 밤새운
까실한 얼굴 위
돋아난
슬픔의 흔적 지우기 위해서지요

아니아니
세상 것 다 소멸하는
촛불 하나 켜기 위해서지요

폭포

보는 이 있건 없건
막다른 길에
무참한 곤두박질도
두렵지 않아

갑자기 밀어닥친
운명이었으므로
이것도 순리라
광란도 따라선
산천을 울리며
천년 이끼 비늘진 가슴도
흔들어 늘 깨우는데

부수어라
온몸 천 가닥
흩어질지라도
태초에 닫혀진 돌의 문
한꺼번에 두드리나니

언제나 떨어지고 뒹굴어도
변함없는 바위의 무정
누가 모를까마는
칼보다 날카롭고
돌보다 강한
끊이지 않는 울부짖음

언제나 떨어져
부서지는 것은 우리가 아니더냐
찢겨지고 상처받은 몸
다시 일어나 흘러서
기약 없는 나날 먼바다로 떠나건만

땅의 울림
산의 울음 있어
저 햇빛 쏟아지는
여울을 돌아
다시
잠잠히 흐르며
언제나 우리는 떠난다
부서진다

세상 소식

북서풍 하나가
뒤돌아보며
나무들 사이로 흘러간다
흐르면서 옷자락 풀어 헤치고
땀내 뺄뺄
허연 속살 드러내 놓고
내장 속 무수한 오물들을
한꺼번에 쏟아낸다

아리랑 타령이 절로 난다
아리랑 아라리요……

비굴하게도 나는 야릇한 웃음을
입가에 흘리며
북서풍 흔들리는 나뭇잎 자락에 숨어서
'어서 넘어가, 어서 넘어가!'

제3부

연습

물길도 휘어대기 달렸다고
잠에 들어서도
빗금으로 흐르는 강물에
둑을 쌓고
뜬구름 하늘로 향하는
바람도 막고

그까짓
서西로 서西로 향한
나뭇가지 끊는 일
어렵지 않아

어둠의 못으로 곤두박질치는
빗물들을 데불고
얕게도 높게도 말고
어중간히 어중간히
흐르는
지금은 완전한 연습
제5의 벽도 통제함

모란꽃

그해 따갑던 5월
꽃물 풀물 독살에 물들어
아주 깊은 잠에 들었어요

젊음의 뒤꼍에
묻어나는 푸르름

모란꽃 내음이
바람에 가득히 실려 와
철철이 갇혔던 강물이
마냥 흔들리며 넘쳐나요

무슨 록綠으로
이렇게 진한 빛깔로
세상에 온 걸까요

"두견새 지나가니
목단꽃牧丹根 꽃봉 자리
벙그는 소리
들으셨는가 보네"

기도

썩정이 독한 농이 되는
아픔을 만나더라도
새록새록 새살이 돋는
기쁨도 있게 하소서

저 어둔 바다속
영원히 침몰하는 폐선이라도
어디 깊고 깊은 바위틈에
산호 하나 찾게 하소서

불타는 쇳덩이
휘어진 칼날이라도 좋으니
훨훨 타다가
휘어지고
다시 펴는 꼿꼿함으로
푸른 날 서게 하소서

가득히 넘치는 맑은 강물에
저녁놀 마주 서는
아름다운 자주 구름
세상 되게 하소서

무심사無心詞

생시엔 찾을 수도 없던
미망未忘의 길
웬일일까
낯익은 표식판表識板
〈공동묘지 지나 과수원 달빛
검디 바윗돌 행行〉

다 무얼까
무심사 꿈길인가
수수년數數年 내 모습이 옛날로 옛날로
걸어 나오고 있다

평행선 따라가는
저무는 해 저만치
또 하나의 마을
아슴히 전신주 늘어서 있고
이름도 새로운
전설 속의 역驛

지금은
거기에 내가 있다

*검디 바윗돌 : 현재 부천시 송내동 산골짝 옛 이름.

6 · 25 이야기

아버지 등에 업혀
안산 맷골 윤오네로 피난 왔어

끼니가 떨어져
소사 기풍구지로 땅 깊이 묻은 쌀 말이나 이러 간
엄마 따라
둘째 언니는 눈가가 잔물잔물 물러나도록
울며 울며 따라갔어

눈길 흰 고무신 짚 감 발로 얽어매고
대부 뚝 즐비한 시체 너머
신천리 대야리 하우고개 지나
기풍구지 창골까지

중공군이 쎄쎄쎄 지나가고
회색 하늘에 쌕쌕이 날고
목구멍이 포도청이지
비 오듯 총알 사이로 울 엄마는
우리 먹을 쌀을 이러 가셨어

엄마 오기를 기다렸지
배도 고프고
엄마도 보고 싶고
언덕에 올라가
하얗게 마른 삘기만 뚝뚝 동강 내며
멀리 신작로만 바라보았어
엄마 엄마……

고백

심곡리深谷里 기풍구지 초입 〈창골 마을〉에 살던 얘깁니다. 뒤란에 서너 마리 토끼를 기르던 어린 시절입니다. 나는 토끼의 까만 똥과 은빛 털을 수수비로 말끔히 쓸어주는 말 없는 소녀였습니다. 학교에서 돌아올 때에는 넓은 마찻길을 피해 논틀 밭틀 징검다리 지나오면서 씀바귀, 토끼풀 연한 잎을 신발주머니에 가득 담아 왔습니다. 허기진 토끼는 자근자근 향긋한 하얀 꽃잎까지도 잘도 씹어 삼켰습니다. 학년이 높아갈수록 해가 진 후에 돌아올 때가 많았습니다. 어느 날 토끼의 먹이도 잊고, 논밭을 지나는 일도 잊었습니다. 마찻길로 오면서 동네 아저씨 마차를 타는 재미가 더 컸습니다. 토끼는 며칠이고 굶고 굶었습니다. 눈이 빨간 그놈이 불량해 보일 때는 먹이를 일부러 거른 적도 있었습니다. 그러던 어느 날 문득 뒤란에 굶고 있는 토끼 생각이 났습니다. 학교에서 돌아와 꿀맛 날 씀바귀 대를 넣어 주어도 미동도 하지 않았습니다. 다른 날 같으면 팔짝팔짝 뛰고 창살을 박박 긁어내리고 응석을 부려야 할 그놈이 그날은 의젓이 누워 있었습니다. 섬뜩하도록 점잖게 섬거적 지푸라기 하나 걸치지 않고 누워 있었습니다. 십수 년이 지난 요즘도 꿈자리에 굶어 죽은 토끼가 나타나 배고픈 얼굴을 창살로 내밀고 똑바로 보고 있었습니다.

*심곡리深谷里, 기풍구지, 창골 마을 : 현재 부천시 섬곡동에 있는 마을 이름.

가뭄

앞산 저 끝자락엔 자욱이
비가 오시나보다
비구름이
이리로 올 듯하더니
무심히 그냥 지나친다

봉숭아, 과꽃, 맨드라미, 다알리아
굳은 땅을 호미질하며
꽃을 가꾸던 어린 시절은
꽃만을 심기 위해
비를 기다렸는데……

이제 내게는
텃밭도 잃고
호미질 하루도 저물고 있다

하늘에선 좀처럼
비가 내릴 것 같지 않아
마른 바람 마른 가지들만 요란하다

비가 와야 하느니
주룩주룩

쉬지 말고 내려야 하느니
맺힌 한숨
언젠가는 이 땅에
시원한 빗줄기
빗발치겠지

어머니 가시던 날

어머니에게서 따스한 바람이
한 겹씩 날아갔습니다

발끝과 손끝에서
가냘프게 불던 바람도
어머니 이상理想의 상징이던
코 끝에서 돌아
어느결에 한 겹씩
멀리멀리 가심을 보았습니다

내 가슴에 떠다니던 눈물은
처음으로 숨김없이
빗물이 되어 쏟아졌습니다
저 세상에 가서 평화
이 세상에 용서를 빌었습니다

어머니는 가시었으나
어머니의 사랑은 온통
갈 바 없는 내 영혼의 뜰에
맴돌고 있습니다

지루하고 잔인한
내 젊음의 살덩이는
아직 한 점도 상처 입지 않고
부끄러운 허물로
성성히 남았습니다

돌아가시기 한 달 전
전세방을 얻고 첫 밤을 지새우며
"이제 셋방은 여기서 끝나야지"
하시던 말씀
이제 나의 꿈은
허사가 되고 말았습니다

어머니를 편히 모시고
다친 허리도 쓸어내리고
그런대로 저의 마음은 넉넉했습니다
그러나 어머니는 제 마음 같지 않았습니다

저문 눈가에 눈물을 감추며
열 손가락 헤고 계심을 알았습니다
어머니의 쪼개진 행복의
슬픔을 알았습니다
열 손가락 깨물어
피 흘리고 계심을
이제야 알았습니다

〈1980년 11월〉

새

날이 밝자 이름 모를 새 한 쌍이
창밖에
콩콩 먹이를 쪼고 있습니다

그날 이후
늘 그 광경을 보러
창가로 갔습니다

어느 날 갑자기
총소리 요란하더니
뒷산 진달래 붉은 꽃 속에
한 마리 피 흘리며 죽어 있었습니다

짝을 잃고 총구를 피해
홀로 날아온 새에게
남모르게
모이 한 움큼
날려 주었습니다

사생결단 먹이를 찾는 새를 보면서
살아있는 모든 것이
두려워졌습니다

휘파람

휘익 휘익
계집아이 적에
휘파람을 불면은
어머니는 댓돌 아래에서
꽃뱀이 나온다고 성화였어

아이들은
땟국이 흐르는 손가락을
송편 같은 입안에 가득 넣고
세게 세게 불어대며
플라타너스에 걸려있는
작은 휘파람 소리를
떨어뜨렸어

바람에 흔들리는
가슴 뚫린 피리 소리
휘익 휘익

지금도 꽃뱀이 있을까 보아
행여 망령 들린 꽃뱀이
있을까 보아
곁문까지 잠그고
불어 보는 휘파람

여기 있을 뿐

내가 세상을 나기 전까지는
먼 데 바다만을 바라보는
산속 바위였는지 몰라

무한히 혼자 있으면서
바람과 나뭇잎에도
무심한 그런 바위였는지 몰라

산과 바다를 건너온
이름 모를 새도
무주고혼無主孤魂의 이유는 없어

바람 불면 바람 부는 대로
해 뜨면 해 뜨는 대로
날아왔을 뿐
부끄럽게 여기 있을 뿐

이제는 바람과 해를
가로질러 내 몸무게로
걸으리
내 키만큼 닿는 곳에
거기까지만 오르리

두 그림자

내게는 언제나 두 그림자가 있다
비켜서도 방향을 틀어도
어차피 밟아야 하는 숙명의 그림자

산삐알을 오르내리던
힘겨운 두 영혼

돌산을 어엿한 과수원으로 일구어 논
황무지의 개척자
아버지의 굳센 힘줄
국방색 윗도리, 베등거리
어머니의 체머리, 지팡이

명주 바지저고리 구둣발로
왜놈의 가슴팍을 걷어차던 자존심
만주벌판을 떠돌던 아버지의 방랑

아버지를 기다리며
사래 긴 밭을 가꾸던 어머니의 순정
칠성님전 청천백일靑天白日 기도하시던 어머니의 모습
내게는 언제나 두 그림자가 있다

빈 의자

빈 의자에 앉아 있는
빈 사람이 일어선다
목례로 나는 늘
그 자리에 앉는다

먼 산기슭 산안개
시름없는 생각을 풀면
그 파란 바람은
미루나무를 지난다

나무 위를 간혹
질러가는 여름의 새

몇 발자국 떨어져 돌아보면
어느덧 빈 의자에
빈 사람은 앉아 있다

돌아보면 모르는 얼굴
알려고 하면
더욱 미혹迷惑해질 뿐

미루나무 위에
다시금 바람이 인다

흰 구름은 서서히
나무 위를 떠나고

빈 의자엔 언제나
빈 사람이 앉아 있다

봄날에

직경 두 뼘, 꼭지 두 치
토담집 앞마당에
흙 속을 뒹굴며
반쯤은 잡초더미에
몸을 감춘 무쇠솥 뚜껑
녹슨 두께로 보아
오래전에 버려진 듯
폐허의 연륜을 짐작케 했다

더 이상 버려질 순 없다고
텡그렁 텡그렁 녹을 털어내고
물에 헹구기를 여러 차례
양지쪽에 웅크리고 앉아
짬짬이 둥글리며 말린다

세상 밖에 나와서
잠시 햇볕을 받으니
붉은 쇳가루 분이 솟아난다
마른걸레로 밀어내고
들기름 질을 내니

반지르한 것이 들여다보면 볼수록
푸르디푸른
투명한 빛이 모여든다

동백기름 빗어 올린
어머니의 머릿결 같기도 하여
가르마를 따라
가뭇이 둥근 무늬를 좇아가 본다

인생人生

내 앞도 못 가리는 것이
주제넘게
세상 구경 잘하고
나뭇잎에 이슬 될
한恨 하나
두고 갈 뿐이네

이제 저제 미루다
못다 한 말
허공 속에
실바람으로 풀어 놓으며

미물微物이라는 이름표
두고 갈 뿐이네

제4부

세월이 가면

저 샷된 것들을
쓰레기통 속에 하나씩
재밌게 주워 담을 수만 있다면

세월이 가면
그런 세상 한 번 올까

내 스무 살에도 오지 않고
삼십에도 껍데기들이
가을걷이를 망쳤으니
사십에도 바람 불어
알곡들만 나가고

지금도 주워 담기 어려운 쓰레기
세월이 가면
쓰레기통 속 가득
바람 불어 쉽게 날리는 그런 것들을
주워 담을 수 있을까

〈1970년대〉

무엇이 될까

이승이든 저승이든
누구든지 다 무엇이 되고 싶어 해

배고파 울다가 눈물 자국 남기고 죽은
아프리카 아이들은 무엇이 될까

애틋한 사랑 하나 가지지 못한
짝사랑 사람들은 몽달귀신 손각시가
된다는데

그립다 말도 못 하는
'통언금지通言禁止'
우리들은 무엇이 될까

진흙 속에 소용돌이
미꾸라지는 무엇이 될까

먹어도 먹어도 또 먹는 사람은
죽어서도 먹기만 할까

먹지 않아도 배부른 사람은
무엇이 될까

심산유곡 맑고 찬 물만을
찾다가 목말라 죽은 사람은 무엇이 될까

화림선원華林禪院

수리산 기슭
수런대던 까치도
첨성골에 들러서
독경 소리 듣고 가는 저녁

돌 틈으로 흐르는
가늘고 질긴 한 줄기 샘
약수암 물 한 모금
오랜 시름이 사라지네

항상 웃음을 지으시는
주지 스님 만나
두 손 가만 모으고

촘촘히 돋아난 잔디에 앉아
산 너머 찾아오는
산향山香에 젖는다

〈1980년대 용성 비구니 스님을 뵙고〉

복사골

여우가 울고 가던
창골 너머 공동묘지에
성성히 울부짖던 바람 소리

가으내 말려 둔
복숭아나무 곁가지로
뜨겁게 달군 아랫목
어머니가 묻어 둔
흰 스테인레스 주발의 팥밥이
발치에 걸리고

머리맡에 얼룩진
편지 한 장과
에프엠 음악 편지
봄이 오면
꽃잎 날리는
바람 소리 무서웠어

〈1970년대〉

새들의 아침

꼭두새벽이면
머릿속 한 그루 나무
어둠에 가지마다
각양각색의 새소리가
꽃처럼 핀다

폭풍우가 일면
어딘가 떠났다가

한낮 내내 자유를 만끽하다
돌아와 열리는
아름다운 아침의 소리

꼭두새벽 어둠 속
언제나 한 그루 나무 위에
수십 마리 새가 있다

연鳶 II

무한 중에 떠다니는
길 잃은 우주선
어느 하늘가에 머물렀을까
수없이 휘날려 낡고 헐었지만
바람 결 구름 결에 횡행하고
하염없이 떠돌다
굽이굽이 푸르른 길
고갯길
이야기할 수 있을까?
가버린 것은 가버린 대로
날린 것은 날린 대로
그래도 연을 날리자

사모곡思母曲 I

흰 고무신 닦아 마루 끝에 말리고
오시길 기다려도
하늘 신 바꿔 신고
영영 오지 않으시는 어머니

창골 너머
검디 과수원 길
허리 휘도록 오르내리시던
어머니, 흙 속에
그 모습 맑은 영혼
남아 있으신지요

구천九天 끝에 아버님 함께라도 계신지요
'앉아서 삼천리 서서 구만리
인경만리하시는 성주산城主山 신령님!'
시월 상달
마니골 골진 산 바라보며

못난 자식 잘되라고
빌고 빌던 주름진 손등 쪽찐 머리
지금쯤 어떻게 지내시는지요

저승 구름 속 떠다니시며
해도 별도 달도 보며
넓은 바다 건너시고
산새 물새 다듬이 소리
그렇게 지내시는지요

* 창골, 검디, 성주산 : 경기도 부천시에 소재.

사모곡思母曲 II

용서하셨으므로
질기고 무거운 이 사슬
더 무겁습니다

이승에서는 갚을 수 없어
저승 가면 어머니께 진 빚을
갚을 수 있을까요

내 죽어 다시 어머니와 함께
다음 생에 태어날 수 있다면
어머니의 종이 되겠어요

깊고 먼 우물 속 아득히
찬물 퍼 올려
어머니의 작은 발 씻어 드리고

나들이 나서시는 어머니
장롱 속 버선을 솔기 맞게 꺼내 드려요.

햇볕 쏟아지는
댓돌 위에 가지런히 흰 고무신

나비 옷섶 올려드리고
“안녕히 다녀오세요”
어머니의 충직한 종이 되겠어요

해바라기 II

누가 그 큰 얼굴엔
넓은 옷소매가 어울린다고 했는지
비바람에 쓰러질 때도
품위 있게
툭툭 털고 일어나는

오직 한 결로 뻗친 소망
집념은 언젠가는 꺾이기 일쑤여서
한군데 몰려있는 무리들

소슬한 정원이나
둔덕이든 도랑이든
한 해만 피고 지는
욕심 없고 속도 없는 함박웃음
언제나 그리움으로 끝나
외줄기 빛으로만 기우는 꿈

아버지의 자전거

지금도
지켜보시네

아버지의 짐 자전거를
몰래 타고 나갔지
넘어지며 찌그러져도
단발머리 휘날리며
바람을 가르며
마찻길을 오르내리던 나를
아버지는 말없이 바라보셨네

고맙습니다
오십 년 전 아버지

드린 게
아무것도 없어
드릴 수도 없어

육십 넘어 타는 자전거
이제 넘어지지 않을게요

물주기

수돗물 막물 주고
되는대로 길러도
잘 크는 꽃이 있다

산골 맑은 물 떠다가
솔솔 뿌려주고
바람 곁으로
햇빛 가까이 옮겨 놓고
늘 바라보아도
시래기죽도 못 먹은
샛노란 모습
당뇨병 중풍도 걸리고

아낌없이 주어도
가시가 되어
생살을 덧나게 하는
나무도 있고

세상 모든 것은
너 나 할 것 없이
다 자연이다

수각水閣을 날아간 새

깊은 산 열매를
품고 왔다가
물 한 모금으로 목을 적셔
자줏빛 속을 비우고
세상에서는 쉽게 알 수 없는
무늬를 그리다간 이름 모를 새

씻고 씻어도 지워지지 않는
그 새들의 진한 자취가
억겁을 태우며 구하고 구해도
채워지지 않는 망망함으로 남는다

언젠가는 수각을 떠났던 길을
돌아와 다시 아름다운 생명의
흔적을 남기겠지

강가에서

억수장마 지난 후
해말간 햇빛이
온 누리에 퍼졌다
강가엔 여기저기
모래섬이 쌓이고
바람이 잔잔한데
하얀 물새 한 마리가
강의 흐름을
도도하게 큰 걸음으로
거슬러 올라가고 있다
다 버렸는 줄 알았는데
'저 새가 부럽다'
오늘따라 세상사
부러운 것이
많아졌다
강줄기를
거꾸로 바라본다
'어지럽다.'
새의 걸음을 따라 올라간다
저 산마루엔 뭉게구름이 피어있고
하늘이 푸르디푸르다

겨울 산

겨울이 깊어 있지만
동네 사람들이
자주 오는 산에는
눈 한 점 없이
나뭇잎만 날리고
앙상한 가지
차가운 바람
나뭇잎 떨어지는 소리
유난히 사각대는 어느 날,

노란 솔잎 한 움큼 쥐어 들고
옛날 불쏘시개 가마솥
그리고 어머니까지 그리워지면서

여지없이 솔잎은 어깨 위에
떨어지듯 앉는다
자꾸 떠오른 얼굴
겨울 산 중
그냥 스치는 바람일지라도
이렇게 기억해주는
세상 만상이 있어

또 한번 자연에 놀라고
천지조화에 감탄하고 외로움까지도
슬기로워지기로 한다

하지만 추운 겨울은 참,
쓸쓸함을 떨쳐버릴 수 없어
내가 밟고 지나온
솔밭 길 오르막길을 돌아보면서
다시 마른 나무 가지에
가녀린 잎새를 안타까워한다

4월

할 말이 있다면
이달엔
‘삼가 고인의 명복을 빌자’
하얗게 드러난 말들이
울음조차 거둬서
하늘이 바람을 휘감고
가슴에 천공을 만든다

정말 할 말이 있다면
모질고 독한 말들도 접어 두고
파국과 혼돈의 장막을 내리자

영혼을 이탈한 하얀 뼈들이
바닷속으로 가라앉을 때
하늘의 통곡이
지천으로 흩날리는 꽃이 되어
그 열매를 맺을 때까지
들녘 잡초같이
‘말 없음’으로
하얀 대낮 그림자도 없이
낮게 흔들리듯 말하라

제 5 부

산山길

흰 머리 휘날리며
독버섯 비릿한 이끼도 밟아가며 당당히
큰 산허리를 누빈다

수 만 년 전만 해도
이 길을 가며
사뿐히 걷지 않은 죄로
독충에 물려
부리나케 하산을 하다
회오리바람 타고 날아온 씨앗을
내뱉고 물었지

무엇이었기에 다시 태어났는가
나는 어디에서 왔기에
꼿꼿한 나무에 기대어
알 수 없는 새소리를 듣는가

무제 I

가을에 문턱을 나섰다
산은 맑고 구름은 젊다
꿈속 푸르름 속으로 들어가면
향기로운 꽃들은
맹독을 가진 벌들까지 품고 있다
위험한 숲속을 이제 그만 가야지
조용히 오르다 내려오는 산책길
더 이상 계절의 앞을
유난스레 지나지 않을 것이다
9월 바람은
하얀 머리를 감추지 말라고 말한다
간절함을 이상을 내려놓으라고
가을은 쉽사리 떠나고
겨울이 온다고
제5의 계절 죽음의 계절이 온다
그냥 내려놓아 어서 내려놓아
봄은 수수 만 년 다시 온다고

구름 위에서

성황당을 지나는데
난데없이 센 바람이 불어와
온몸을 휘감는다
정월 솔숲을 지나온 귀가
차갑다
'그대는 이곳에 왜 왔는가?'
'아직도 그곳에 있나요?'
'내 말이 들리지 않는다'
'꿈인지도 모르겠다'
'아직도 못 믿는다'
모든 것은 찰나였다
코와 기도를 거친 청량함은
오장육부까지 적시고
가슴이 서늘하다
구름은 발아래 놓이고,
바람은 온데간데없다

무제 II

어디로 가는 걸까
걷고 또 걸어요
부처님이시여!
님의 말씀을 들어도
온화한 미소에 감탄해도
산과 들을 헤매어도
진흙에서 뒹굴어도
선지식을 만나도
깨우친 분의 말씀을 들어도
자연과 벗해도
먼 곳이나 가까운 곳이나
보고 보아도
사랑의 사람들
성냄의 사람들
웃고 있는 사람들
곁을 기웃거려도
쓸쓸합니다

부러움, 그 무상함

세상에서는 처음으로
그분의 뒷모습을 보았다
아! 이런 거였네
그물 같은 먹물 베옷
칼날 같은 옷깃
책 한 권 들고 법당문 오르는
차가운 뒷모습

오늘에야 보았네
어제도 내일도
바로 여기 있어

부러움 그 무상함에
손을 저었다
다시는 오지 않으리
저 빳빳한 옷을
걸치기 전에는
다시는 오지 않으리

고양이에게

더 아름다운 세상을 찾아
부릅뜬 눈으로 마당 가득
총총이 맴돌다
양지바른 담을 차지하고
포근한 잠에서 깨어나
부질없는 인생을 탓하는 것이냐

수줍음도 냉정도 아닌
누구를 찾는지 수 만 년
그렇게 설렁이는 바람으로
가까이 가면 오는 듯 가는
꺽꺽 밤새우는 고라니와
그 외 짐승보다 너는
참으로 예사로운 동물이구나

청춘, 그 플라타너스

바람이 가벼이 스치어도
태양은 숱한 잎사귀들을 보듬고
반짝이며 소란스럽게 춤추었지

숭숭한 플라타너스
빛나던 교감은
서럽게도 까마득하게
먼일

돌아보면
게으름과 불안
시공과 경계도 사라져
지난 것은
모두 모래섬

그땐 너무 청청하여
늙음과 청춘이
그리움과 절망이
있음과 없음이
하나 되는 줄 몰랐네

백일홍에 대하여

누구라도 아는 이름이라서
계향산 달빛 아래

숨어 살 듯 보이지 않더니
어느새 차가운 돌밭에
뿌리를 내리고
세상 어디에도 없는
천지의 꽃으로 피웠네

석 달 열흘 눈부신 속삭임
한세월 기약하듯 만발한 넋
황토도 호의호식이라
돌밭 돌부처와 마주하고

가뭄에 무명 옷자락 적시며
깊은 땅 어디쯤에서
끌어 올린 물바람 흩날림
긴 목으로 머금는데

시작도 끝도 없이
높이 떠가던 목마른 구름도
지망지망 머무네
바람으로 꽃으로
알 길 없던
추억도 떠나고 있어
한여름도 가고
속절없는 가을도 가는데
백일도 다하기 전에
민망히 뽑혀 나가
누운 마른 잎에
흘려 적은 소식
백날이 지나도
아득하여 읽지 못했네

나그네

어디를 가든
또 하나의 길이 있네
가뭇이 잊을 만하다가도
찾아가던 옛길
걸망 하나 메고
정처 없이 걷네
양지 바른 길이
있다기에
걷고 또 걷네

내일은
어디로 가야 하나
구름 자리 지나
더 새롭게
밝은 빛 찾아가야지
머물고 쉬는 곳에도
바람은 흐르고
유난히 초롱한
청명한 새소리
내 걸음 멈추네

나무에 없는 듯 앉았던
새 한 마리
깨달은 자의 열매를 물고
멀리 사라지고
아직도
깊은 산은 볼 수 없어
다시 떠나네

억새와 갈대의 평화

땅심으로 웃자라
무리 지어
여린 몸 의지하고
가을을 맞이한
맑고 화사한 평화
경건하다

가끔,
억새요? 갈대요? 물으면
'그냥 잡초라고 하소서'

뭍사람들이
희고 검은 것을
가릴 때도
하늘만 보았다

꿈인 듯 화려한 수풀
목이 휘도록
흐르는 구름만 본다

소출도 없이
겉모습만 훤칠한
들판에 모여들어
풀떼기 세상을
품는 사람들

마음

마음 잘 쓰고 가면
극락정토에 이르러
원하는 거 아름다운 거
그 이상인 세상이 절로 온다는데
마음 쓰기가
그리 쉽지 않아
걸림 없는 바람으로
생긴 대로 사는 거지
두려움이 없어야
진정 마음이 생기나니
나는 것도 없고
죽는 것도 없으니
오는 것도 없고
가는 것도 없어

뿌리 의식을 통한 삶의 소중함

최규창 시인

1.

김영덕 시인과의 만남은 대학 시절에 문학 공부를 함께 하면서부터이다. 그 시절 우리는 문학에 대한 뜨거운 열정으로 보냈었다. 강의실에서도 뜨거운 열정으로 도전했지만, 수업이 끝난 후 찻집이나 컴컴한 막걸릿집 구석에서도 문학의 길을 향한 만남이었다. 나는 졸업할 무렵 곧바로 문단에 등단했지만, 김 시인은 늦은 걸음걸이로 문단에 합류했다.

김영덕 시의 저변에는 공동체 의식을 공유하려는 사상이 일관성 있게 추구되고 있다. 그것은 오늘의 산업사회가 남긴 상처를 치유하려는 자세에서 비롯되고 있다. 한 가지 예로 자연 속에 있어야 할 돌멩이까지도 그대로 두지 않고, 정원이나 응접실의 치장품으로 소유하는 현실이기 때문이다. 오늘의 산업사회 속에서 우리 주변의 사물들은 모두를 위한 생명체가 아니라, '나' 개인의 존재를 위한 생명체로 인식되고 있다. 공동체적인 삶 속에서 스스로의 꿈을 키우고, 스스로만의 사랑을 향유하는 데에 보편화되어 있다. 그것은 오늘의 산업사회가 극단적인 이기주의만을 지향하고 있는데 그 원인이 있다. 그렇기 때문에 김영덕 시는 우리 모두가 공통적으로 지향해야 할 보편적인 존재 의식을 추구하고 있는 데에서 더욱 돋보인다.

김영덕 시의 공동체적인 삶을 복원하기 위한 사랑의 노래이다. 뿌리 의식을 통한 삶의 소중함을 일깨워주고, 주변의 모든 것을 하나의 생명체로 인식시켜 주고 있다. 이러한 그의 시에는 꿈이 있고, 우리 모두가 갈망하는 사랑이 깃들어 있다. 그것은 개인사적인 삶에서 벗어나, 우리 모두가 함께 하는 삶에서 비롯된다고 볼 수 있다.

2.

김영덕의 시는 뿌리 의식을 지니고 있다. 과거지향적인 단순한 회상이 아니라, 오늘이란 현실 속에서 지난날을 되돌아보고, 내일을 노래하고 있다. 특히 그가 어렸을 적부터 지금까지 삶을 영위했던 '부천'과 '안산'이란 지역을 통해 어제와 오늘, 그리고 내일을 형상화하고, 이 세상을 떠나신 어머니에 대한 그리움도 모두의 그리움으로 승화시키고 있다.

그것은 시적 대상 그 자체에 대한 애정에서 비롯되고, 인간적인 사랑으로 승화시킨 데에서 우리 모두의 뿌리 의식으로 일깨워 주고 있다.

그의 시편 중 〈안산기행安山紀行〉을 비롯한 〈옥귀도 낙조〉 〈엄나무 샘〉 〈군자봉〉 등은 '안산'을 사랑하는 마음에서 표출된 시들이다. 누구나가 가지고 있는 고향이나 특정 지역에서의 삶에 대한 사연에서 인연된 애정으로 볼 수도 있다. 그러나 김영덕의 경우에는 '안산'이 지니고 있는 상황에 동참하고 있다는 데에서, 그의 삶을 통해 애정의 깊이는 더할 수밖에 없다.

특히 김영덕 시인은 안산 개발 당시 문화재 발굴위원으로서, 안산문화원 창립멤버로 안산에 흩어진 전통문화를 집대성한 『내 고장 전통문화』를 발간하기 위해 안산 구석구석을 헤매다니고, 동인지 『샘골문학』을 창간하면서 안산에 대한 남다른 열정을 보인다.

한 달만/ 한 달만 산다는 것이// 백 년 잠들겠네// 그대를 기다리던/ 협궤열차 원곡역/ 두시 이십 분 발/ 열차에 마음을 실었네// 때로는 손톱 끝에/ 황토물들이며/ 허기진 가슴 달랬네// 땟골 가는 길/ 빈 나뭇가지엔/ 언제나 갈 곳 모르는/ 풍연風鳶이 걸려있고// 한밤중 잠을 잃게 하던/ 취객들의 볼멘 울부짖음// 밤낮으로 산을 허무는/ 불도저 굉음 못 견뎌/ 앞집 영이네는/ 미국으로 이민 갔네// 나야 앞산 진달래 피면/ 들뜬 맘 달래고/ 바닷길 나가/ 파도에 잠기고/ 고잔 간척지/ 피어오르는 안개로/ 빈 잔 채우고// 눈을 감으면/ '세상은 참으로 꿈결 같다.'/ 어머니 말씀/ 이제사 들리네

— 〈안산기행安山紀行〉의 전문

이 시는 '안산'에서의 삶에 대한 어제와 오늘을 들려주고 있다. '때로는 손톱 끝에/ 황토물들이며/ 허기진 가슴 달랬네'나 '한밤중 잠을 잃게 하던/ 취객들의 볼멘 울부짖음', 그리고 '밤낮으로 산을 허무는/ 불도저 굉음 못 견뎌/ 앞집 영이네는/ 미국으로 이민 갔네'는 지난 말의 상황을 서술하고 있다. 손톱 끝에 황토물 들이던 가난했던 시절이나, 한밤중 취객들의 울부짖음, 그리고 미국으로의 이민 등은 우리의 생활상이었다. 그러나 '한 달만/ 한 달만 산다는 것이// 백 년 잠들겠네'나, '나야 앞산 진달래 피면/ 들뜬 맘 달래고/ 바닷길 나가/ 파도에 잠기고/ 고잔 간척지/ 피어오르는 안개로/ 빈 잔 채우고// 눈을 감으면/ '세상은 참으로 꿈결 같다.'/ 어머니 말씀/ 이제사 들리네'와 같이, '안산'에 대한 지극한 애정을 표현하고 있다. 이 시는 개인사적인 상황으로 치부할 수도 있지만, 이 시 전체는 우리 역사가 겪은 한 단면임에 틀림없다. '때로는 손톱 끝에/ 황토물들이며/ 허기진 가슴 달랬네// 땟골 가는 길/ 빈 나뭇가지엔/ 언제나 갈 곳 모르는/ 풍연風鳶이 걸려있고// 한밤중 잠을 잃어버린/ 취객들의 볼멘 울부짖음', 그리고 '밤낮으로 산을 허무는/ 불도저 굉음 못 견뎌/ 앞집 영이네는/ 미국으로 이민 갔

네' 등의 구절은 보릿고개 시절이나 70년대 개발 시대를 연상시키고 있다. 또한 '땟골 가는 길/ 빈 나뭇가지엔/ 언제나 갈 곳 모르는/ 풍연風鳶이 걸려있고'와 같이, 우리 모두의 지난날 지녔던 내면의식을 '풍연風鳶'으로 집약하여 묘사하고 있다.

특히 〈옥귀도 낙조〉나 〈엄나무 샘〉 〈군자봉〉 그리고 〈복사골〉 〈염전 향수〉 등 시편들은 우리들 가슴 깊이 뿌리내린 전설이나 전해오는 이야기들을 시로써 형상화하는 데에 성공하고 있다.

> 옷깃에/ 원혼이/ 묻어날까 두려운/ 군자봉 가을비/ 박수무당 요령/ 더욱더/ 소름 돋는다// 음기가 강한/ 월피동 처녀가/ 멀리/ 이 산을 바라보면/ 바람이 난다고// 월피동으로 이사가/ 군자봉 바라보며/ 백일치성 드릴거나/ 꺼이꺼이 울거나
>
> — 〈군자봉〉의 전문

이 시는 음기가 강한 월피동 처녀가 군자봉을 바라보면 바람이 난다는 전설을 시화詩化하고 있다. 군자봉 가을비에 원혼이 옷깃에 묻어날까 두렵다고 유추해 내기도 하고, 이 전설의 사건을 액막이하기 위해 '군자봉 바라보며/ 백일치성 드릴거나/ 꺼이꺼이 울거나'라고 반문하고 있다. 특히 '옷깃에/ 원혼이/ 묻어날까 두려운'이나 '소름 돋는다', 그리고 '백일치성 드릴거나/ 꺼이꺼이 울거나'란 구절은, 전설의 이야기를 극대화하고 있다.

지금까지 전해오는 전설을 한 편의 시에 담는다는 것이 쉬운 일은 아니지만, 그 전설을 시로 전할 수 있는 것도 바람직한 작업이다. 이 시에서는 전설이 지니고 있는 이야기를 한 편의 시로 부족함 없도록 시화詩化하는 데 성공하고 있음을 보여주고 있다.

김영덕은 이와 같은 시편들을 통해 우리들의 뿌리 의식을 새삼스럽게 인식시켜 주고 있다. 그의 시편들에 나타난 삶의 이야기는 우리 모두의 이야기로 환치되고 있다. 시란 특정 시인만의 것이 아닌, 우리 모두의 시로 인식시켜 주고 있다. 그것은 김영덕이 지향하는 시작법이며, 시의 생명성의 확대해 주고 있는 작업이기도 하다.

3.

김영덕은 사물, 그 자체를 그대로 인식하는 데에서 출발하고 있다. 사물에 대한 가식적인 꾸밈이나, 허세를 위한 모방 등 상식을 떠난 행위가 배제되어 있다. 그의 시편마다 정확한 시작 태도로 일관되어 있음을 보여주고 있다. 주변에 있는 사물들에게 존재의 의미를 부여하고, 그것이 우리 앞에 새로운 생명을 지닌 자체로 태어나고 있다. 그렇기 때문에 상실과 소외, 허망과 좌절감을 극복하려는 노력이 담겨져 있으며, 어떤 대상 앞에서도 긍정적인 사고로 대하려는 데에서 비롯되고 있다. 그것은 김영덕의 시가 지니고 있는 강점이다.

① 이 가득함/ 바다는 아름다워/ 언제 보아도 바다는/ 바다야

— 〈군자봉〉의 일부

② 그저 돌은 돌인 것을/ 왜 모를까// 나를 그저 돌로만 보아 다오

— 〈돌의 심정〉의 일부

③ 사시사철 비는 오더라도/ 봄비만큼 고운 비/ 봄비를 맞는 아름다운 사람/ 또 있을까

— 〈고슬봉 봄비〉의 일부

이 시들은 시의 대상인 사물의 존재 의미를 새롭게 인식시켜 주고 있다. ①의 경우는 '언제 보아도 바다는 바다야'로 단정하고 있으며, ②의 경우는 '나를 그저 돌로만 보아 다오'라고 돌의 심정을 토로하고 있다. ③의 시는 '봄비만큼 고운 비'나, '봄비를 맞는 아름다운 사람'은 '봄비'를 '고운 비'로 대치시키고, 그 고운 비를 맞는 사람은 '아름다운 사람'이라는 것이다. 봄비가 지니고 있는 이미지를 '고운 비'나 '아름다운 사람'으로 형상화하고 있다. 이와 같이 그의 시작 태도는 정직한 사물 인식에서 시작되고, 사물이 지니고 있는 이미지를 시의 그릇에 담아내고 있다.

이러한 김영덕의 시들은 사랑과 평화의 마음을 일구어 주고 있다. '가을 숲 속엘 가면/ 이끼 자욱한/ 흙 한 줌 내 가슴에/ 품을 수 있을까'(〈가을 경험〉의 일부)나, '그 위에/ 한 마리 풀벌레가/ 구름 타고/ 흐르는 평화가 보인다'(〈구름은 흘러가고〉의 일부)란 구절에서는 사랑과 평화를 추구하고 있다. 그리고 '맑은 잔 속/ 차게 부서지는 물결/ 물오징어 안주에/ 가슴에 차곡차곡 쌓였던/ 이야기들이 술술 풀어집니다'(〈동해의 밤〉의 일부)에서는 스스럼없는 삶의 자세를 보여주고 있다.

특히 〈첫눈〉이란 시는 김영덕의 소박한 시작 태도를 감지할 수 있다.

> 누가 보아요/ 눈에 띄지 않게/ 소리 없이 숨죽여 사박사박 오세요/ 저 비탈진 길// 추운 나무에도/ 살얼음 강가에도/ 솔잎 향 진동하는 오솔길에도/ 어둠 속에서도/ 아니 내리는 곳 없이// 아무도 모르게/ 어느 날 살며시/ 소록소록 오세요/ 이리저리 바람따라 헤매이지 말고/ 가벼이 이리로 오세요// 잠들지 못하는 우리들의 창가에도/ 가까이 오세요/ 세상 가득하게 오세요/ 눈 세상 되게 오세요/ 이 겨울이 다 가기 전에/ 그동안 늦쳤던 말씀 믿어요/ 하얗게 풀어질/ 그대 말씀/ 믿어요// 그대 오실 때/ 회오리바람/ 나를 부르지 않아도/ 두 손 벌리고 하늘 따라 뱅뱅/ 춤추며 맞을게요
>
> — 〈첫눈〉의 전문

이 시는 어떤 설명도 없이 그대로 음미해야 한다. 우리의 각박한 일상생활 속에서의 기원이기 때문이다. 그것은 김영덕이 지향하는 시작법이다. '첫눈'이란 대상이 주는 의미 속에서, 우리가 간구하는 마음을 일치시키고 있다. '저 비탈진 길'이나, '어둠 속에서도' 그리고 '이리저리 바람따라 헤매이지 말고'나 '잠들지 못하는 우리들의 창가에도', '그동안 눙쳤던 말씀'이란 구절은 오늘의 각박한 현실을 투영시키고 있다. '소리 없이 숨죽여 사박사박 오세요'나, '가벼이 이리로 오세요', '아름다운 그대 눈 세상 되게 오세요'란 구절은 간구의 마음을 담고 있다.

김영덕은 정직한 시작 태도를 통해 시의 일반화, 즉 모두의 시로 확대해 주고 있다. 누구나가 시에 접근할 수 있는 길을 열어 주고 있다. 그것은 오늘의 현대시가 풀어야 할 숙제의 답안이기도 하다.

문학세계대표작가선 954

수리산

김영덕 시집

인쇄 1판 1쇄 2021년 10월 20일
발행 1판 1쇄 2021년 10월 30일

지 은 이 : 김영덕
펴 낸 이 : 김천우
펴 낸 곳 : 도서출판 천우
등 록 : 1992. 2. 15. 제1-1307호
주 소 : 서울시 성동구 무학봉28길 6 금용빌딩 2F
전 화 : 02)2298-7661
팩 스 : 02)2298-7665
http://moonhak.wla.or.kr
E-mail : chunwo@hanmail.net

값 13,000원

*이 책은 안산시문화예술진흥기금으로부터 지원받아 제작하였습니다.

ISBN 978-89-7954-852-5